Regina Sormani Ferreira

A BORBOLETA BELA E A ROSA AMARELA

Diagramação e ilustrações
Gilberto Marchi

Revisão
Carlos Rizzi

9ª edição — 2011
3ª reimpressão — 2025

Cadastre-se e receba nossas informações
paulinas.com.br
Telemarketing e SAC: 0800-7010081

Paulinas
Rua Dona Inácia Uchoa, 62
04110-020 – São Paulo – SP (Brasil)
(11) 2125-3500
editora@paulinas.com.br

© Pia Sociedade Filhas de São Paulo – São Paulo, 1983

Borboleta Bela voava pelos jardins das casas, visitando suas amigas flores.

— Olá, florzinhas! cumprimentou ela, com sua vozinha trêmula de borboleta.

— Vejam, é a Borboleta Bela! exclamaram as flores. Ela veio nos visitar!

Num lindo rodopio, agitando as asinhas, Bela pousou delicadamente sobre as pétalas da Rosa Amarela e chamou:

— Ei, amiguinha, estou aqui!

Rosa Amarela se moveu, toda vagarosa, balançando a haste:

— Ah! Borboletinha! É um prazer vê-la de novo! Que boas brisas trouxeram você?

— Estava fazendo minha ronda habitual pelos jardins e aproveitei para vir bater um papinho, saber das novidades.

— Nada satisfatórias, infelizmente! suspirou a Rosa. Eu soube pelo Cravo Carmim, que soube pelo Beija-Flor, que nós, as flores, corremos perigo, aqui, no nosso jardim.

— Oh! exclamou Bela, dando vários pulinhos de susto.

Nessa altura da conversa, o Cravo Carmim, que morava no canteiro vizinho, falou:

— Você já reparou, Borboleta, que as flores vivem sonolentas? Nem o Orvalho da Manhã, que acorda todas as plantas, nos alegra mais. Até nosso perfume está mais fraco.

Para falar a verdade, Bela havia reparado, sim, mas não fizera comentários. Era muito delicada, como todas as borboletas. Apenas perguntou:

— Por que isso acontece, Cravo Carmim?

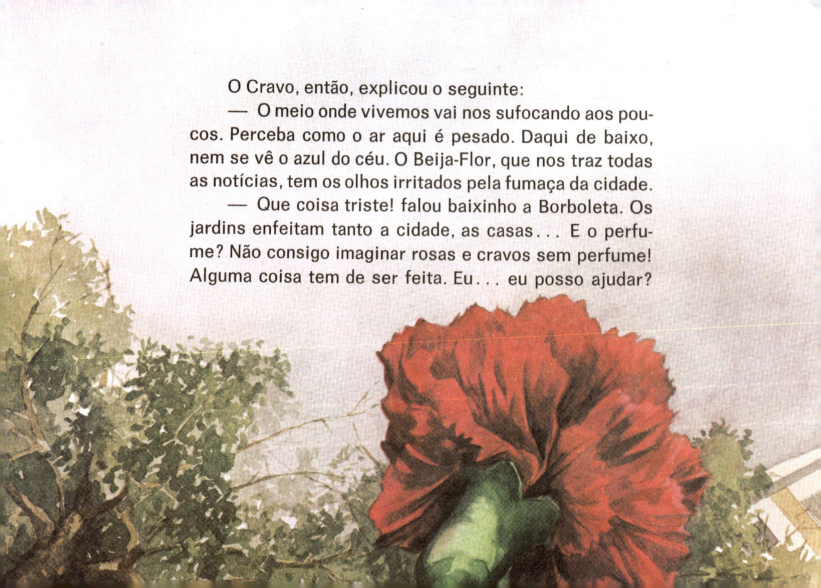

O Cravo, então, explicou o seguinte:

— O meio onde vivemos vai nos sufocando aos poucos. Perceba como o ar aqui é pesado. Daqui de baixo, nem se vê o azul do céu. O Beija-Flor, que nos traz todas as notícias, tem os olhos irritados pela fumaça da cidade.

— Que coisa triste! falou baixinho a Borboleta. Os jardins enfeitam tanto a cidade, as casas... E o perfume? Não consigo imaginar rosas e cravos sem perfume! Alguma coisa tem de ser feita. Eu... eu posso ajudar?

— Agradecemos! respondeu comovida a Rosa. Você é tal qual uma flor, só que tem asas. Precisamos ser protegidas. As pessoas que passam pelos jardins estão sempre apressadas, nem notam nossa beleza e fragilidade...

Nesse momento, o Cravo retornou à conversa:
— Ainda outro dia, alguém atirou um cigarro aceso bem no meio do nosso canteiro. Você já imaginou?
— Que horror! exclamou Bela, tremelicando as asas. E vocês protestaram, gritaram?
— Se protestamos! Fizemos uma gritaria! afirmou a Rosa. Mas as pessoas não ouvem a voz das flores.
Deu mais alguns suspiros e concluiu:
— Nossa voz é muito fraca. Para ouvi-la, elas teriam de se curvar até nós, prestando toda atenção! Mas vivem tão ocupadas...

Borboleta Bela ainda dirigiu algumas palavras de conforto às flores. Entretanto, notou que não conseguiria consolá-las. Havia outras visitas a fazer. Assim, decidiu ir cuidar da sua vidinha de borboleta.

Com volteios caprichados pelo jardim, ela se despediu e voou, pequenina, para o espaço imenso.

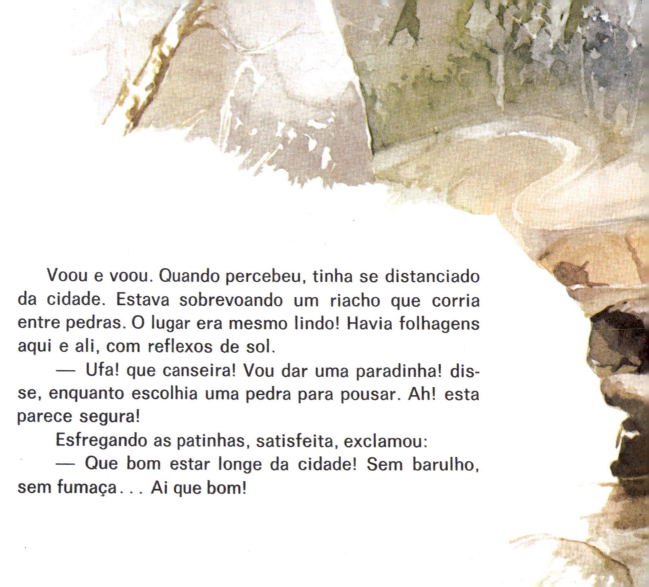

Voou e voou. Quando percebeu, tinha se distanciado da cidade. Estava sobrevoando um riacho que corria entre pedras. O lugar era mesmo lindo! Havia folhagens aqui e ali, com reflexos de sol.

— Ufa! que canseira! Vou dar uma paradinha! disse, enquanto escolhia uma pedra para pousar. Ah! esta parece segura!

Esfregando as patinhas, satisfeita, exclamou:

— Que bom estar longe da cidade! Sem barulho, sem fumaça... Ai que bom!

— Borboleta Bela! Psiu, Borboleta!
— Quem me chama? sobressaltou-se, mexendo as antenas.
— Ora, não se assuste! Sou eu, o Peixe Dourado!
Um lindo peixinho saltava na água, fazendo acrobacias. Tchibum! Tchibum!
A Borboleta aplaudiu:
— Muito bem, Dourado! Você está em forma!
— Gentileza sua! Obrigado! Está passeando, Borboleta?

— Descansando. É bastante agradável este lugar. Sabe, na cidade as coisas não andam nada boas. Tem alguma coisa no ar que prejudica as plantas e os pássaros.

— Já sei, você deve estar falando da poluição. Só pode ser!

— Poluição? É esse o nome? Diga-me, Dourado, é mesmo perigosa essa dona? quis saber, de olhos arregalados.

— Um perigo, um perigo! E tem mais: ela não está só no ar, mas também na água.

Aí, sim, Bela se assustou pra valer. Suas asas tremiam tanto que Dourado pensou que ela fosse cair da pedra.

— Nossa! Aqui também?

— Um dia ela acaba chegando por estas bandas. As crianças que vêm brincar nas nossas águas comentam que este riacho é um dos poucos que se conservam limpos.

— O que há com os outros?

— Sujeira dos esgotos e lixo das fábricas. Lá, não existem mais peixes, a água não serve para beber nem para refrescar as pessoas.

— Essa tal de poluição deve ser uma grande feiosa! falou, magoada, a Borboleta.

— Na certa que é! concordou o peixinho. Olhe, estou indo, Borboleta. Bom descanso, bom descanso! despediu-se Dourado.

Balançando a cabecinha, ela respondeu:

— Adeusinho, Peixe! Boa sorte para você!

Olhou ao redor, procurando um abrigo onde pudesse passar a noite:

— Hum! está esfriando! Vai anoitecer logo.
Voou em direção às folhagens e se ajeitou debaixo de uma folha larga:

— Aqui será minha casa por esta noite. Estou tão cansada! Que dia, hoje... Hã! hã! bocejou. O sono já vem vindo...

E fechou os olhinhos.

FICHA DE LEITURA

1. Título do livro:

   ....

2. Nome da autora:

   ....

3. Nome do ilustrador:

   ....

4. Nomes dos personagens da história:

   ....

   ....

5. Quais são os amigos da Borboleta Bela? Faça um X nos quadrinhos:
   - ☐ cigarro
   - ☐ Rosa Amarela
   - ☐ lixo das fábricas
   - ☐ Beija-Flor
   - ☐ Peixinho Dourado
   - ☐ poluição
   - ☐ Cravo Carmim
   - ☐ Orvalho da Manhã

6. Cite algumas coisas das quais a Borboleta Bela e seus amigos não gostam:

   ....
   ....

7. Escolha o que lhe parecer apropriado ou correto:
   a) A voz da Borboleta Bela é   ☐ forte   ☐ fraquinha
   b) A poluição nos causa   ☐ prejuízos   ☐ benefícios
   c) O Cravo Carmim é   ☐ alto   ☐ baixinho
   d) A Rosa Amarela faz movimentos   ☐ rápidos   ☐ vagarosos
   e) O Peixinho Dourado nada   ☐ muito bem   ☐ mal

8. De que maneira podemos contribuir para que os nossos rios se conservem limpos e as nossas flores belas e perfumadas?

   ....
   ....